한국전력공사

NCS 직무능력검사
모의고사(ICT 분야)

제1회	영 역	의사소통능력, 수리능력, 문제해결능력, 정보능력, 기술능력
	문항수	55문항
	시 간	65분
	비 고	객관식 5지선다형

SEOWONGAK
(주)서원각

1. 다음 밑줄 친 문구를 어법에 맞게 수정한 내용으로 적절하지 않은 것은?

> A : 지속가능보고서를 2007년 창간 이래 <u>매년 발간에 의해</u> 이해 관계자와의 소통이 좋아졌다.
>
> B : 2012년부터 시행되는 신재생에너지 공급의무제는 회사의 <u>주요 리스크로</u> 이를 기회로 승화시키기 위한 노력을 하고 있다.
>
> C : 전력은 필수적인 에너지원이므로 과도한 사용을 <u>삼가야 한다.</u>
>
> D : <u>녹색 기술 연구 개발 투자 확대 및</u> 녹색 생활 실천 프로그램을 시행하여 온실가스 감축에 전 직원의 역량을 결집하고 있다.
>
> E : 녹색경영위원회를 설치하여 전문가들과 함께하는 토론을 주기적으로 하고 있으며, 내·외부 <u>전문가의 의견 자문을 구하고 있다.</u>

① A : '매년 발간에 의해'가 어색하므로 문맥에 맞게 '매년 발간함으로써'로 고친다.

② B : '주요 리스크로'는 조사의 쓰임이 어울리지 않으므로, '주요 리스크이지만'으로 고친다.

③ C : '삼가야 한다'는 어법상 맞지 않으므로 '삼가해야 한다'로 고친다.

④ D : '및'의 앞은 명사구로 되어 있고 뒤는 절로 되어 있어 구조가 대등하지 않으므로, 앞 부분을 '녹색 기술 연구 개발에 대한 투자를 확대하고'로 고친다.

⑤ E : '전문가의 의견 자문을 구하고 있다'는 어법에 맞지 않으므로, '전문가들에게 의견을 자문하고 있다'로 고친다.

2. 다음의 괄호 안에 들어갈 적절한 어휘는?

> 원래 (   )란 엄청나게 큰 사람이나 큰 물건을 가리키는 뜻에서 비롯되었는데 그것이 부정어와 함께 굳어지면서 '어이없다'는 뜻으로 쓰이게 되었다. 크다는 뜻 자체는 약화되고 그것이 크든 작든 우리가 가지고 있는 상상이나 상식을 벗어난 경우를 지칭하게 된 것이다.
>
> 특히 풀리지 않는 글을 붙잡고 있거나 어떤 생각거리에 매달려 있는 동안 내가 생활에서 저지르는 사소한 실수들은 나 스스로도 (   )가 없을 지경이다.

① 어처구니   ② 동그마니

③ 우두커니   ④ 철딱서니

⑤ 꼬락서니

3. 유기농 식품 매장에서 근무하는 K씨에게 계란 알레르기가 있는 고객이 제품에 대해 문의를 해왔다. K씨가 제품에 부착된 다음 설명서를 참조하여 고객에게 반드시 안내해야 할 말로 가장 적절한 것은?

> ■ 제품명 : 든든한 현미국수
> ■ 식품의 유형 : 면 – 국수류, 스프 – 복합조미식품
> ■ 내용량 : 95g(면 85g, 스프 10g)
> ■ 원재료 및 함량
>   • 면 : 무농약 현미 98%(국내산), 정제염
>   • 스프 : 멸치 20%(국내산), 다시마 10%(국내산), 고춧가루, 정제소금, 마늘분말, 생강분말, 표고분말, 간장분말, 된장분말, 양파분말, 새우분말, 건미역, 건당근, 건파, 김, 대두유
> ■ 보관장소 : 직사광선을 피하고 서늘한 곳에 보관
> ■ 이 제품은 계란, 메밀, 땅콩, 밀가루, 돼지고기를 이용한 제품과 같은 제조시설에서 제조하였습니다.
> ■ 본 제품은 공정거래위원회 고시 소비분쟁해결 기준에 의거 교환 또는 보상받을 수 있습니다.
> ■ 부정불량식품신고는 국번 없이 1399

① 조리하실 때 계란만 넣지 않으시면 문제가 없을 것입니다.

② 제품을 조리하실 때 집에서 따로 육수를 우려서 사용하시는 것이 좋겠습니다.

③ 이 제품은 무농약 현미로 만들어져 있기 때문에 알레르기 체질 개선에 효과가 있습니다.

④ 이 제품은 계란이 들어가는 식품을 제조하는 시설에서 생산되었다는 점을 참고하시기 바랍니다.

⑤ 알레르기 반응이 나타나실 경우 구매하신 곳에서 교환 또는 환불 받으실 수 있습니다.

4. 다음은 한전의 특정 직군에 대한 직원 채용 공고문의 일부 내용이다. 다음 내용을 읽고 문의사항에 대하여 담당 직원과 질의응답을 한 내용 중 공고문의 내용과 일치한다고 볼 수 없는 것은 어느 것인가?

〈전형일정〉

구분	일정	장소	비고
서류전형	8/14(화)	–	–
필기전형	8/25(토)	서울	세부사항 별도 공지
면접전형	9/5(수)	한전 인재개발원	노원구 공릉동
합격자 발표	9/12(수)	–	채용 홈페이지
입사예정일	10/1(월)	–	별도 안내

〈본인 확인을 위한 추가사항 입력 안내〉
□ 목적 : 필기시험 및 종합면접 시 본인 확인용
□ 대상 : 1차 전형(서류전형) 합격자
□ 입력사항 : 주민등록상 생년월일, 본인 증명사진
□ 입력방법 : 채용홈페이지 1차 전형(서류전형) 합격자 발표 화면에서 입력
□ 입력기간 : 서류전형 합격 발표시점~8.21(화)까지

〈블라인드 채용 안내〉
□ 입사지원서에 사진등록란, 학교명, 학점, 생년월일 등 기재란 없음
□ e-메일 기재 시 학교명, 특정 단체명이 드러나는 메일 주소 기재 금지
□ 지원서 및 자기소개서 작성 시 개인 인적사항(출신학교, 가족관계 등) 관련 내용 일체 기재 금지
□ 입사지원서에 기재한 성명, 연락처 및 서류전형 합격자 발표 화면에서 등록한 생년월일 등은 면접전형 시 블라인드 처리됨

〈기타사항〉
□ 채용 관련 세부일정 및 장소는 당사 채용홈페이지를 통해 공지함
□ 지원인원 미달 또는 전형 결과 적격자가 없는 경우 선발하지 않을 수 있음
□ 지원서 및 관련 서류를 허위로 작성·제출하는 경우, 시험 부정행위자 등은 불합격 처리하고, 향후 5년간 우리 회사 입사 지원이 제한됨
□ 지원서 작성 시 기재 착오 등으로 인한 불합격이나 손해에 대한 모든 책임은 지원자 본인에게 있으므로 유의하여 작성
□ 각 전형 시 신분증(주민등록증, 여권, 운전면허증 중 1개)과 수험표를 반드시 지참하여야 하며, 신분증 미지참 시 응시 불가
※ 신분증을 분실한 경우 거주지 관할 주민센터에서 발급받은 '주민등록증 발급신청 확인서' 지참
□ 자의 또는 타의에 의한 부정청탁으로 인해 합격된 사실이 확인될 경우 당해 합격을 취소할 수 있으며, 향후 5년간 공공기관 채용시험 응시자격을 제한할 수 있음

Q. 합격자 발표는 입사지원서에 적은 전화번호로 문자나 전화 등으로 알려 주시게 되나요?

A. ① 아닙니다. 합격자 발표는 본인이 직접 확인하셔야 하며, 저희 회사 홈페이지에서 채용 관련 안내에 따라 확인하실 수 있습니다.

Q. 이번 채용 방식은 블라인드 채용으로 알고 있는데 생년월일 등을 추가로 입력해야 하는 이유는 뭐죠?

A. ② 블라인드 채용 시 입사지원서에 개인 인적사항을 적을 수 없습니다만, 전형 과정에서 본인 확인용으로 필요한 경우 생년월일을 기재하도록 요청할 수 있습니다.

Q. e-mail 주소를 적는 칸이 있던데요, e-mail 주소 정도에는 저희 학교 이름이 들어가도 별 상관없겠지요?

A. ③ 아닙니다. 그런 경우, 다른 개인 e-mail 주소를 적으셔야 하며, 학교 이름을 인식할 수 있는 어떤 사항도 기재하셔서는 안 됩니다.

Q. 전형 과정의 필요상 일부 인적 사항을 적게 되면, 그건 면접관 분들에게 공개될 수밖에 없겠네요?

A. ④ 본인 확인용으로 면접 시 필요하여 요청 드린 사항이므로 사진과 생년월일 등 본인 확인에 필요한 최소 사항만 공개됩니다.

Q. 지원자가 채용 인원에 미달되는 경우에는 특별한 결격 사유가 없는 한 채용 가능성이 아주 많다고 봐도 되는 거지요?

A. ⑤ 아닙니다. 그럴 경우, 당사 임의의 결정으로 채용 인원을 선발하지 않을 수도 있습니다.

┃5~6┃ 다음은 S그룹의 2018년 주요 사업계획이다. 이어지는 물음에 답하시오.

(단위 : 개/백만 원)

핵심가치	전략과제	개수	예산
총계		327	1,009,870
안전우선 시민안전을 최고의 가치로 (108개/513,976백만 원)	스마트 안전관리 체계구축	27	10,155
	비상대응 역량강화	21	39,133
	시설 안전성 강화	60	464,688
고객감동 고객만족을 최우선으로 (63개/236,529백만 원)	고객 소통채널 다각화	10	8,329
	고객서비스 제도개선	16	2,583
	이용환경 개선	37	225,617
변화혁신 경영혁신을 전사적으로 (113개/210,418백만 원)	혁신적 재무구조 개선	34	22,618
	디지털 기술혁신	23	22,952
	융합형 조직혁신	56	164,848
상생협치 지역사회를 한가족으로 (43개/48,947백만 원)	내부소통 활성화	25	43,979
	사회적 책임이행	18	4,968

5. 위 자료를 읽고 빈칸에 들어갈 말로 적절한 것을 고르면?

'안전우선'은 가장 많은 예산이 투자되는 핵심가치이다. 전략과제는 3가지가 있고, 그 중 '(㉠)'은/는 가장 많은 개수를 기록하고 있으며, 예산은 464,688백만 원이다. '고객감동'의 전략과제는 3가지이며, 고객만족을 최우선으로 하고 있다. 핵심가치 '(㉡)'은/는 113개를 기록하고 있고, 3가지 전략과제 중 융합형 조직혁신이 가장 큰 비중을 차지하고 있다. 핵심가치 '(㉢)'은/는 가장 적은 비중을 차지하고 있고, 2가지 전략과제를 가지고 있다.

	㉠	㉡	㉢
①	스마트 안전관리 체계구축	고객감동	변화혁신
②	비상대응 역량강화	고객감동	변화혁신
③	비상대응 역량강화	변화혁신	고객감동
④	시설 안전성 강화	변화혁신	상생협치
⑤	시설 안전성 강화	안전우선	상생협치

6. 다음 중 옳지 않은 것은?

① '고객감동'의 예산은 가장 높은 비중을 보이고 있다.

② '안전우선'의 예산은 나머지 핵심가치를 합한 것 이상을 기록했다.

③ 예산상 가장 적은 비중을 보이는 전략과제는 '고객서비스 제도개선'이다.

④ '안전우선'과 '변화혁신'의 개수는 각각 100개를 넘어섰다.

⑤ 2018년 주요 사업계획의 총 예산은 1조 원를 넘어섰다.

7. 다음은 어느 시민사회단체의 발기 선언문이다. 이 단체에 대해 판단한 내용으로 적절하지 않은 것은?

우리 사회의 경제적 불의는 더 이상 방치할 수 없는 상태에 이르렀다. 도시 빈민가와 농촌에 잔존하고 있는 빈곤은 최소한의 인간적 삶의조차 원천적으로 박탈하고 있으며, 경제력을 4 사치와 향락은 근면과 저축의욕을 감퇴시키고 손쉬운 투기와 불로소득은 기업들의 창의력과 투자의욕을 감소시킴으로써 경제 성장의 토대가 와해되고 있다. 부익부빈익빈의 극심한 양극화는 국민 간의 균열을 심화시킴으로써 사회 안정 기반이 동요되고 있으며 공공연한 비윤리적 축적은 공동체의 기본 규범인 윤리 전반을 문란케 하여 우리와 우리 자손들의 소중한 삶의 터전인 이 땅을 약육강식의 살벌한 세상으로 만들고 있다.

부동산 투기, 정경유착, 불로소득과 탈세를 공인하는 차명계좌의 허용, 극심한 소득차, 불공정한 노사관계, 농촌과 중소기업의 피폐 및 이 모든 것들의 결과인 부와 소득의 불공정한 분배, 그리고 재벌로의 경제적 집중, 사치와 향락, 환경오염 등 이 사회에 범람하고 있는 경제적 불의를 척결하고 경제정의를 실천함은 이 시대 우리 사회의 역사적 과제이다.

이의 실천이 없이는 경제 성장도 산업 평화도 민주복지 사회의 건설도 한갓 꿈에 불과하다. 이 중에서도 부동산 문제의 해결은 가장 시급한 우리의 당면 과제이다. 인위적으로 생산될 수 없는 귀중한 국토는 모든 국민들의 복지 증진을 위하여 생산과 생활에만 사용되어야 함에도 불구하고 소수의 재산 증식 수단으로 악용되고 있다. 토지 소유의 극심한 편중과 투기화, 그로 인한 지가의 폭등은 국민생활의 근거인 주택의 원활한 공급을 극도로 곤란하게 하고 있을 뿐만 아니라 물가 폭등 및 노사 분규의 격화, 거대한 투기 소득의 발생 등을 초래함으로써 현재 이 사회가 당면하고 있는 대부분의 경제적 사회적 불안과 부정의의 가장 중요한 원인으로 작용하고 있다.

정부 정책에 대한 국민들의 자유로운 선택권이 보장되며 경제적으로 시장 경제의 효율성과 역동성을 살리면서 깨끗하고 유능한 정부의 적절한 개입으로 분배의 편중, 독과점 및 공해 등 시장 경제의 결함을 해결하는 민주복지사회를 실현하여야 한다. 그리고 이것이 자유와 평등, 정의와 평화의 공동체로서 우리가 지향할 목표이다.

① 이 단체는 극빈층을 포함한 사회적 취약계층의 객관적인 생활수준은 향상되었지만 불공정한 분배, 비윤리적 부의 축적 그리고 사치와 향락 분위기 만연으로 상대적 빈곤은 심각해지고 있다고 인식한다.

② 이 단체는 정책 결정 과정이 소수의 특정 집단에 좌우되고 있다고 보고 있으므로, 정책 결정 과정에 국민 다수의 참여 보장을 주장할 가능성이 크다.

③ 이 단체는 윤리 정립과 불의 척결 등의 요소도 경제 성장에 기여할 수 있다고 본다.

④ 이 단체는 '기업의 비사업용 토지소유 제한을 완화하는 정책'에 비판적일 것이다.

⑤ 이 단체는 경제 성장의 조건으로 저축과 기업의 투자 등을 꼽고 있다.

8. 다음은 근로장려금 신청자격 요건에 대한 정부제출안과 국회통과안의 내용이다. 이에 근거하여 옳은 내용은?

요건	정부제출안	국회통과안
총소득	부부의 연간 총소득이 1,700만 원 미만일 것(총소득은 근로소득과 사업소득 등 다른 소득을 합산한 소득)	좌동
부양자녀	다음 항목을 모두 갖춘 자녀를 2인 이상 부양할 것 (1) 거주자의 자녀이거나 동거하는 입양자일 것 (2) 18세 미만일 것(단, 중증장애인은 연령제한을 받지 않음) (3) 연간 소득금액의 합계액이 100만 원 이하일 것	다음 항목을 모두 갖춘 자녀를 1인 이상 부양할 것 (1)~(3) 좌동
주택	세대원 전원이 무주택자일 것	세대원 전원이 무주택자이거나 기준시가 5천만 원 이하의 주택을 한 채 소유할 것
재산	세대원 전원이 소유하고 있는 재산 합계액이 1억 원 미만일 것	좌동
신청제외자	(1) 3개월 이상 국민기초생활보장급여 수급자 (2) 외국인(단, 내국인과 혼인한 외국인은 신청 가능)	좌동

① 정부제출안보다 국회통과안에 의할 때 근로장려금 신청자격을 갖춘 대상자의 수가 더 줄어들 것이다.

② 두 안의 총소득요건과 부양자녀요건을 충족하고, 소유 재산이 주택(5천만 원), 토지(3천만 원), 자동차(2천만 원)인 A는 정부제출안에 따르면 근로장려금을 신청할 수 없지만 국회통과안에 따르면 신청할 수 있다.

③ 소득이 없는 20세 중증장애인 자녀 한 명만을 부양하는 B가 국회통과안에서의 다른 요건들을 모두 충족하고 있다면 B는 국회통과안에 의해 근로장려금을 신청할 수 있다.

④ 총소득, 부양자녀, 주택, 재산 요건을 모두 갖춘 한국인과 혼인한 외국인은 정부제출안에 따르면 근로장려금을 신청할 수 없지만 국회통과안에 따르면 신청할 수 있다.

⑤ 총소득, 부양자녀, 주택, 재산 요건을 모두 갖추었다면, 국민기초생활보장급여 수급 여부와 관계없이 근로장려금을 신청할 수 있다.

9. 다음은 ○○공사의 고객서비스헌장의 내용이다. 밑줄 친 단어를 한자로 바꾸어 쓴 것으로 옳지 않은 것은?

〈고객서비스헌장〉
1. 우리는 모든 업무를 고객의 입장에서 생각하고, 신속·정확하게 처리하겠습니다.
2. 우리는 친절한 자세와 상냥한 언어로 고객을 맞이하겠습니다.
3. 우리는 고객에게 잘못된 서비스로 불편을 초래한 경우, 신속히 시정하고 적정한 보상을 하겠습니다.
4. 우리는 다양한 고객서비스를 발굴하고 개선하여 고객만족도 향상에 최선을 다하겠습니다.
5. 우리는 모든 시민이 고객임을 명심하여 최고의 서비스를 제공하는 데 정성을 다하겠습니다.

이와 같이 선언한 목표를 달성하기 위하여 구체적인 서비스 이행기준을 설정하여 임·직원 모두가 성실히 실천할 것을 약속드립니다.

① 헌장 – 憲章
② 자세 – 姿勢
③ 초래 – 招來
④ 발굴 – 拔掘
⑤ 달성 – 達成

10.
다음은 「개인정보 보호법」과 관련한 사법 행위의 내용을 설명하는 글이다. 다음 글을 참고할 때, '공표' 조치에 대한 올바른 설명이 아닌 것은?

> 「개인정보 보호법」 위반과 관련한 행정처분의 종류에는 처분 강도에 따라 과태료, 과징금, 시정조치, 개선권고, 징계권고, 공표 등이 있다. 이 중, 공표는 행정질서 위반이 심하여 공공에 경종을 울릴 필요가 있는 경우 명단을 공표하여 사회적 낙인을 찍히게 함으로써 경각심을 주는 제재 수단이다.
>
> 「개인정보 보호법」 위반행위가 은폐·조작, 과태료 1천만 원 이상, 유출 등 다음 7가지 공표기준에 해당하는 경우, 위반행위자, 위반행위 내용, 행정처분 내용 및 결과를 포함하여 개인정보 보호위원회의 심의·의결을 거쳐 공표한다.
>
> > ※ 공표기준
> > 1. 1회 과태료 부과 총 금액이 1천만 원 이상이거나 과징금 부과를 받은 경우
> > 2. 유출·침해사고의 피해자 수가 10만 명 이상인 경우
> > 3. 다른 위반행위를 은폐·조작하기 위하여 위반한 경우
> > 4. 유출·침해로 재산상 손실 등 2차 피해가 발생하였거나 불법적인 매매 또는 건강 정보 등 민감 정보의 침해로 사회적 비난이 높은 경우
> > 5. 위반행위 시점을 기준으로 위반 상태가 6개월 이상 지속된 경우
> > 6. 행정처분 시점을 기준으로 최근 3년 내 과징금, 과태료 부과 또는 시정조치 명령을 2회 이상 받은 경우
> > 7. 위반행위 관련 검사 및 자료제출 요구 등을 거부·방해하거나 시정조치 명령을 이행하지 않음으로써 이에 대하여 과태료 부과를 받은 경우
>
> 공표절차는 과태료 및 과징금을 최종 처분할 때 ① 대상자에게 공표 사실을 사전 통보, ② 소명자료 또는 의견 수렴 후 개인정보보호위원회 송부, ③ 개인정보보호위원회 심의·결, ④ 홈페이지 공표 순으로 진행된다.
> 공표는 행정안전부장관의 처분 권한이지만 개인정보보호위원회의 심의·의결을 거치게 함으로써 「개인정보 보호법」 위반자에 대한 행정청의 제재가 자의적이지 않고 공정하게 행사되도록 조절해 주는 장치를 마련하였다.

① 공표는 「개인정보 보호법」 위반에 대한 가장 무거운 행정 조치이다.

② 행정안전부장관이 공표를 결정한다고 해서 반드시 최종 공표 조치가 취해져야 하는 것은 아니다.

③ 공표 조치가 내려진 대상자는 공표와 더불어 반드시 1천만 원 이상의 과태료를 납부하여야 한다.

④ 공표 조치를 받는 대상자는 사전에 이를 통보받게 된다.

⑤ 반복적이거나 지속적인 위반 행위에 대한 제재는 공표 조치의 취지에 포함된다.

11.
다음은 수입예산에 관한 자료이다. 잡이익이 이자수익의 2배일 때, ㉠은 ㉡의 몇 배에 해당하는가? (단, 소수 첫 번째 자리에서 반올림한다.)

〈수입예산〉

(단위 : 백만 원)

구분		예산
총 합계		(㉠)
영업 수익	합계	2,005,492
	운수수익	1,695,468
	광고료 등 부대사업수익	196,825
	기타사용료 등 기타영업수익	88,606
	대행사업수익	24,593
영업 외 수익	합계	
	이자수익	(㉡)
	임대관리수익	2,269
	불용품매각수익	2,017
	잡이익	7,206

① 555배
② 557배
③ 559배
④ 561배
⑤ 563배

12.
어떤 이동 통신 회사에서는 휴대폰의 사용 시간에 따라 매월 다음과 같은 요금 체계를 적용한다고 한다.

요금제	기본 요금	무료 통화	사용 시간(1분)당 요금
A	10,000원	0분	150원
B	20,200원	60분	120원
C	28,900원	120분	90원

예를 들어, B요금제를 사용하여 한 달 동안의 통화 시간이 80분인 경우 사용 요금은 다음과 같이 계산한다.

$$20,200 + 120 \times (80 - 60) = 22,600 원$$

B요금제를 사용하는 사람이 A요금제와 C요금제를 사용할 때 보다 저렴한 요금을 내기 위한 한 달 동안의 통화 시간은 a분 초과 b분 미만이다. 이때, $b-a$의 값은? (단, 매월 총 사용 시간은 분 단위로 계산한다.)

① 70

② 80

③ 90

④ 100

⑤ 110

13. 다음 〈표〉는 주식매매 수수료율과 증권거래세율에 대한 자료이다. 주식매매 수수료는 주식 매도 시 매도자에게, 매수 시 매수자에게 부과되며 증권거래세는 주식 매도 시에만 매도자에게 부과된다고 할 때, 이에 대한 〈보기〉의 설명 중 옳은 것을 모두 고르면?

〈표 1〉 주식매매 수수료율과 증권거래세율

(단위 : %)

연도 구분	2001	2003	2005	2008	2011
주식매매 수수료율	0.1949	0.1805	0.1655	0.1206	0.0993
유관기관 수수료율	0.0109	0.0109	0.0093	0.0075	0.0054
증권사 수수료율	0.1840	0.1696	0.1562	0.1131	0.0939
증권거래세율	0.3	0.3	0.3	0.3	0.3

〈표 2〉 유관기관별 주식매매 수수료율

(단위 : %)

연도 유관기관	2001	2003	2005	2008	2011
한국거래소	0.0065	0.0065	0.0058	0.0045	0.0032
예탁결제원	0.0032	0.0032	0.0024	0.0022	0.0014
금융투자협회	0.0012	0.0012	0.0011	0.0008	0.0008
합계	0.0109	0.0109	0.0093	0.0075	0.0054

※ 주식거래 비용 = 주식매매 수수료 + 증권거래세
※ 주식매매 수수료 = 주식매매 대금 × 주식매매 수수료율
※ 증권거래세 = 주식매매 대금 × 증권거래세율

㉠ 2001년에 '갑'이 주식을 매수한 뒤 같은 해에 동일한 가격으로 전량 매도했을 경우, 매수 시 주식거래 비용과 매도 시 주식거래 비용의 합에서 증권사 수수료가 차지하는 비중은 50%를 넘지 않는다.

㉡ 2005년에 '갑'이 1,000만원 어치의 주식을 매수할 때 '갑'에게 부과되는 주식매매 수수료는 16,550원이다.

㉢ 모든 유관기관은 2011년 수수료율을 2008년보다 10% 이상 인하하였다.

㉣ 2011년에 '갑'이 주식을 매도할 때 '갑'에게 부과되는 주식거래 비용에서 유관기관 수수료가 차지하는 비중은 2% 이하이다.

① ㉠, ㉡ 　② ㉠, ㉢
③ ㉡, ㉢ 　④ ㉡, ㉣
⑤ ㉢, ㉣

14. 다음은 Y년의 산업부문별 전기다소비사업장의 전기 사용현황을 나타낸 자료이다. 다음 자료를 참고할 때, Y-1년의 화공산업 부문 전기다소비사업장의 전기사용량은 얼마인가? (전기사용량은 절삭하여 원 단위로 표시함)

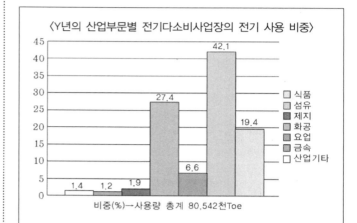

〈Y년의 산업부문별 전기다소비사업장의 전기 사용 비중〉

비중(%)→사용량 총계 80,542천Toe

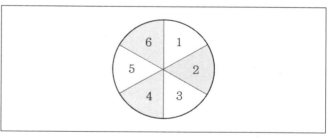

〈Y년의 산업부문별 전기다소비사업장의 전기 사용 증가율〉

구분	식품	섬유	제지	화공	요업	금속	산업 기타
전년대비 증가율(%)	1.8	−3.9	−12.6	4.5	1.6	−1.2	3.9

① 20,054천Toe 　② 20,644천Toe
③ 20,938천Toe 　④ 21,117천Toe
⑤ 22,045천Toe

15. 그림과 같이 6등분 되어 있는 원판이 있다. 회전하고 있는 원판에 화살을 세 번 쏘았을 때, 적어도 화살 하나는 6의 약수에 맞을 확률은? (단, 화살은 반드시 원판에 맞으며, 경계선에 맞는 경우는 없다.)

① $\dfrac{1}{27}$ 　② $\dfrac{2}{9}$
③ $\dfrac{5}{9}$ 　④ $\dfrac{23}{27}$
⑤ $\dfrac{26}{27}$

〈유아수유실 현황〉

○ 1호선

역명	역명
종로3가(1)역	동대문역

○ 2호선

역명	역명
시청역	성수역
강변역	잠실역
삼성역	강남역
신림역	대림역
신촌역	영등포구청역
신설동역	

○ 3호선

역명	역명
구파발역	독립문역
옥수역	고속터미널역
양재역	도곡역

○ 4호선

역명	역명
노원역	미아사거리역
길음역	동대문역사문화공원역
서울역	이촌역
사당역	

○ 5호선

역명	역명
김포공항역	우장산역
까치산역	목동역
영등포구청역	신길역
여의도역	여의나루역
충정로역	광화문역
동대문역사문화공원역	청구역
왕십리역	답십리역
군자역	아차산역
천호역	강동역
고덕역	올림픽공원역
거여역	

○ 6호선

역명	역명
응암역	불광역
월드컵경기장역	합정역
대흥역	공덕역
삼각지역	이태원역
약수역	상월곡역
동묘앞역	안암역

○ 7호선

역명	역명
수락산역	노원역
하계역	태릉입구역
상봉역	부평구청역
어린이대공원역	뚝섬유원지역
논현역	고속터미널역
이수역	대림역
가산디지털단지역	광명사거리역
온수역	까치울역
부천종합운동장역	춘의역
신중동역	부천시청역
상동역	삼산체육관역
굴포천역	

○ 8호선

역명	역명
모란역	몽촌토성역
잠실역	가락시장역
장지역	남한산성입구역

※ 해당 역에 하나의 유아수유실을 운영 중이다.

16. 다음 중 2호선 유아수유실이 전체에서 차지하는 비율은?

① 10.5% ② 11.5%
③ 12.5% ④ 13.5%
⑤ 14.5%

17. 다음 중 가장 많은 유아수유실을 운영 중인 지하철 호선 ㉮와 가장 적은 유아수유실을 운영 중인 지하철 호선 ㉯로 적절한 것은?

	㉮	㉯		㉮	㉯
①	7호선	1호선	②	7호선	4호선
③	5호선	3호선	④	6호선	2호선
⑤	3호선	5호선			

18. 다음은 ○○은행 기업고객인 7개 기업의 1997년도와 2008년도의 주요 재무지표를 나타낸 자료이다. 〈보기〉의 설명 중 옳은 것을 모두 고르면?

〈7개 기업의 1997년도와 2008년도의 주요 재무지표〉

(단위 : %)

재무지표 연도 기업	부채비율		자기자본비율		영업이익률		순이익률	
	1997	2008	1997	2008	1997	2008	1997	2008
A	295.6	26.4	25.3	79.1	15.5	11.5	0.7	12.3
B	141.3	25.9	41.4	79.4	18.5	23.4	7.5	18.5
C	217.5	102.9	31.5	49.3	5.7	11.7	1.0	5.2
D	490.0	64.6	17.0	60.8	7.0	6.9	4.0	5.4
E	256.7	148.4	28.0	40.3	2.9	9.2	0.6	6.2
F	496.6	207.4	16.8	32.5	19.4	4.3	0.2	2.3
G	654.8	186.2	13.2	34.9	8.3	8.7	0.3	6.7
7개 기업의 산술평균	364.6	108.8	24.7	53.8	11.0	10.8	2.0	8.1

1) 총자산 = 부채 + 자기자본

2) 부채구성비율(%) $= \dfrac{부채}{총자산} \times 100$

3) 부채비율(%) $= \dfrac{부채}{자기자본} \times 100$

4) 자기자본비율(%) $= \dfrac{자기자본}{총자산} \times 100$

5) 영업이익률(%) $= \dfrac{영업이익}{매출액} \times 100$

6) 순이익률(%) $= \dfrac{순이익}{매출액} \times 100$

〈보기〉

㉠ 1997년도 부채구성비율이 당해년도 7개 기업의 산술평균보다 높은 기업은 3개이다.

㉡ 1997년도 대비 2008년도 부채비율의 감소율이 가장 높은 기업은 A이다.

㉢ 기업의 매출액이 클수록 자기자본비율이 동일한 비율로 커지는 관계에 있다고 가정하면, 2008년도 순이익이 가장 많은 기업은 A이다.

㉣ 2008년도 순이익률이 가장 높은 기업은 1997년도 영업이익률도 가장 높았다.

① ㉠, ㉡
② ㉡, ㉢
③ ㉢, ㉣
④ ㉠, ㉡, ㉢
⑤ ㉠, ㉡, ㉢, ㉣

---

19. 다음은 푸르미네의 에너지 사용량과 연료별 탄소배출량 및 수종(樹種)별 탄소흡수량을 나타낸 것이다. 푸르미네 가족의 월간 탄소배출량과 나무의 월간 탄소흡수량을 같게 하기 위한 나무의 올바른 조합을 고르면?

■ 푸르미네의 에너지 사용량

연료	사용량
전기	420kWh/월
상수도	40m³/월
주방용 도시가스	60m³/월
자동차 가솔린	160ℓ/월

■ 연료별 탄소배출량

연료	탄소배출량
전기	0.1kg/kWh
상수도	0.2kg/m³
주방용 도시가스	0.3kg/m³
자동차 가솔린	0.5kg/ℓ

■ 수종별 탄소흡수량

수종	탄소흡수량
소나무	14kg/그루 · 월
벚나무	6kg/그루 · 월

① 소나무 4그루와 벚나무 12그루

② 소나무 6그루와 벚나무 9그루

③ 소나무 7그루와 벚나무 10그루

④ 소나무 8그루와 벚나무 6그루

⑤ 소나무 9그루와 벚나무 4그루

20. 다음은 우리나라 1차 에너지 소비량 자료이다. 자료 분석 결과로 옳은 것은?

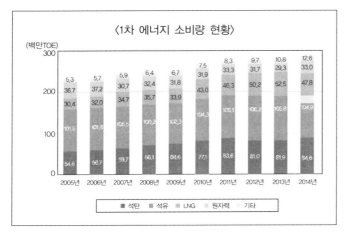

<1차 에너지 소비량 현황>

① 석유 소비량이 나머지 에너지 소비량의 합보다 많다.
② 석탄 소비량이 완만한 하락세를 보이고 있다.
③ 기타 에너지 소비량이 지속적으로 감소하는 추세이다.
④ 원자력 소비량은 증감을 거듭하고 있다.
⑤ 최근 LNG 소비량의 증가 추세는 그 정도가 심화되었다.

|21~22| 다음 〈표〉와 〈선정절차〉는 정부가 추진하는 신규 사업에 지원한 A~E 기업의 현황과 사업 선정절차에 대한 자료이다. 물음에 답하시오.

〈표〉 A~E 기업 현황

기업	직원수 (명)	임원수 (명)		임원평균 근속기간 (년)	시설현황				통근 차량 대수 (대)
		이사	감사		사무실		휴게실 면적 (㎡)	기업 총면적 (㎡)	
					수 (개)	총면적 (㎡)			
A	132	10	3	2.1	5	450	2,400	3,800	3
B	160	5	1	4.5	7	420	200	1,300	2
C	120	4	3	3.1	4	420	440	1,000	1
D	170	2	12	4.0	7	550	300	1,500	2
E	135	4	6	2.9	6	550	1,000	2,500	2

※ 여유면적 = 기업 총면적 − 사무실 총면적 − 휴게실 면적

〈선정절차〉
• 1단계 : 아래 4개 조건을 모두 충족하는 기업을 예비 선정한다.
– 사무실조건 : 사무실 1개당 직원수가 25명 이하여야 한다.
– 임원조건 : 임원 1인당 직원수가 15명 이하여야 한다.
– 차량조건 : 통근 차량 1대당 직원수가 100명 이하여야 한다.
– 여유면적조건 : 여유면적이 650㎡ 이상이어야 한다.
• 2단계 : 예비 선정된 기업 중 임원평균근속기간이 가장 긴 기업을 최종 선정한다.

21. 1단계 조건을 충족하여 예비 선정되는 기업을 모두 고르면?

① A, B   ② B, C
③ C, D   ④ D, E
⑤ E, A

22. 정부가 추진하는 신규 사업에 최종 선정되는 기업은?

① A   ② B
③ C   ④ D
⑤ E

23. 한전은 사내 식사 제공을 위한 외식 업체를 선정하기 위해 다음과 같이 5개 업체에 대한 평가를 실시하였다. 다음 평가 방식과 평가 결과에 의해 외식 업체로 선정될 업체는 어느 곳인가?

〈최종결과표〉

(단위 : 점)

구분	A업체	B업체	C업체	D업체	E업체
제안가격	84	82	93	90	93
위생도	92	90	91	83	92
업계평판	92	89	91	95	90
투입인원	90	92	94	91	93

〈선정 방식〉
• 각 평가항목별 다음과 같은 가중치를 부여하여 최종 점수 고득점 업체를 선정한다.
– 투입인원 점수 15%
– 업계평판 점수 15%
– 위생도 점수 30%
– 제안가격 점수 40%
• 어느 항목이라도 5개 업체 중 최하위 득점이 있을 경우(최하위 점수가 90점 이상일 경우 제외), 최종 업체로 선정될 수 없음.
• 동점 시, 가중치가 높은 항목 순으로 고득점 업체가 선정

① A업체   ② B업체
③ C업체   ④ D업체
⑤ E업체

24. 전력 설비 수리를 하기 위해 본사에서 파견된 8명의 기술자들이 출장지에서 하룻밤을 묵게 되었다. 1개 층에 4개의 객실(101~104호, 201~204호, 301~304호, 401~404호)이 있는 3층으로 된 조그만 여인숙에 1인당 객실 1개씩을 잡고 투숙하였고 다음과 같은 조건을 만족할 경우, 12개의 객실 중 8명이 묵고 있지 않은 객실 4개를 모두 알기 위하여 필요한 사실이 될 수 있는 것은 다음 보기 중 어느 것인가? (출장자 일행 외의 다른 투숙객은 없는 것으로 가정한다)

- 출장자들은 1, 2, 3층에 각각 객실 2개, 3개, 3개에 투숙하였다.
- 출장자들은 1, 2, 3, 4호 라인에 각각 2개, 2개, 1개, 3개 객실에 투숙하였다.

① 302호에 출장자가 투숙하고 있다.

② 203호에 출장자가 투숙하고 있지 않다.

③ 102호에 출장자가 투숙하고 있다.

④ 202호에 출장자가 투숙하고 있지 않다.

⑤ 103호에 출장자가 투숙하고 있다.

25. 다음 제시된 조건을 보고, 만일 영호와 옥숙을 같은 날 보낼 수 없다면, 목요일에 보내야 하는 남녀사원은 누구인가?

영업부의 박 부장은 월요일부터 목요일까지 매일 남녀 각 한 명씩 두 사람을 회사 홍보 행사 담당자로 보내야 한다. 영업부에는 현재 남자 사원 4명(길호, 철호, 영호, 치호)과 여자 사원 4명(영숙, 옥숙, 지숙, 미숙)이 근무하고 있으며, 다음과 같은 제약 사항이 있다.

㉠ 매일 다른 사람을 보내야 한다.

㉡ 치호는 철호 이전에 보내야 한다.

㉢ 옥숙은 수요일에 보낼 수 없다.

㉣ 철호와 영숙은 같이 보낼 수 없다.

㉤ 영숙은 지숙과 미숙 이후에 보내야 한다.

㉥ 치호는 영호보다 앞서 보내야 한다.

㉦ 옥숙은 지숙 이후에 보내야 한다.

㉧ 길호는 철호를 보낸 바로 다음 날 보내야 한다.

① 길호와 영숙   ② 영호와 영숙

③ 치호와 옥숙   ④ 길호와 옥숙

⑤ 영호와 미숙

26. 사고조사반원인 K는 2018년 12월 25일 발생한 총 6건의 사고에 대하여 보고서를 작성하고 있다. 사고 발생 순서에 대한 타임라인이 다음과 같을 때, 세 번째로 발생한 사고는? (단, 동시에 발생한 사고는 없다)

㉠ 사고 C는 네 번째로 발생하였다.

㉡ 사고 A는 사고 E보다 먼저 발생하였다.

㉢ 사고 B는 사고 A보다 먼저 발생하였다.

㉣ 사고 E는 가장 나중에 발생하지 않았다.

㉤ 사고 F는 사고 B보다 나중에 발생하지 않았다.

㉥ 사고 C는 사고 E보다 나중에 발생하지 않았다.

㉦ 사고 C는 사고 D보다 먼저 발생하였으나, 사고 B보다는 나중에 발생하였다.

① A   ② B

③ D   ④ E

⑤ F

27. 다음 글에 나타난 문제해결의 장애요소는?

최근 A사의 차량이 화재가 나는 사고가 연달아 일어나고 있다. 현재 리콜 대상 차량은 10만여 대로 사측은 전국의 서비스 업체에서 안전진단을 통해 불편을 해소하는 데에 최선을 다하겠다고 말했다. A사 대표는 해당 서비스를 24시간 확대 운영은 물론 예정되어 있던 안전진단도 단기간에 완료하겠다고 입장을 밝혔다. 덕분에 서비스센터 현장은 여름휴가 기간과 겹쳐 일반 서비스 차량과 리콜 진단 차량까지 전쟁터를 방불케 했다. 그러나 안전진단은 결코 답이 될 수 없다는 게 전문가들의 의견이다. 문제가 되는 해당 부품이 개선된 제품으로 교체되어야만 해결할 수 있는 사태이고, 개선된 제품은 기본 20여 일이 걸려 한국에 들어올 수 있기 때문에 이 사태가 잠잠해지기까지는 상당한 시간이 걸린다는 것이다. 또한 단순 안전진단만으로는 리콜이 시작되기 전까지 오히려 고객들의 불안한 마음만 키울 수 있어 이를 해결할 확실한 대안이 필요하다고 지적했다.

① 실질적 대안이 아닌 고객 달래기식 대응을 하고 있다.

② 해결책을 선택하는 타당한 이유를 마련하지 못하고 있다.

③ 선택한 해결책을 실행하기 위한 계획을 수립하지 못하고 있다.

④ 중요한 의사결정 인물이나 문제에 영향을 받게 되는 구성원을 참여시키지 않고 있다.

⑤ 개인이나 팀이 통제할 수 있거나 영향력을 행사할 수 있는 범위를 넘어서는 문제를 다루고 있다.

28. 다음은 SWOT에 대한 설명이다. 다음 중 시장의 위협을 회피하기 위해 강점을 사용하는 전략의 예로 적절한 것은?

〈SWOT 분석〉

SWOT분석이란 기업의 환경 분석을 통해 마케팅 전략을 수립하는 기법이다. 조직 내부 환경으로는 조직이 우위를 점할 수 있는 강점(Strength), 조직의 효과적인 성과를 방해하는 자원·기술·능력면에서의 약점(Weakness), 조직 외부 환경으로는 조직 활동에 이점을 주는 기회(Opportunity), 조직 활동에 불이익을 미치는 위협(Threat)으로 구분된다.

		내부환경요인	
		강점 (Strength)	약점 (Weakness)
외부환경요인	기회 (Opportunity)	SO	WO
	위협 (Threat)	ST	WT

① 세계적인 유통라인을 내세워 개발도상국으로 사업을 확장한다.
② 저가 정책으로 마진이 적지만 인구 밀도에 비해 대형마트가 부족한 도시에 진출한다.
③ 부품의 10년 보증 정책을 통해 대기업의 시장 독점을 이겨낸다.
④ 고가의 연구비를 타사와 제휴를 통해 부족한 정부 지원을 극복한다.
⑤ 친환경적 장점을 내세워 관련 법령에 해당하는 정부 지원을 받는다.

▌29~30▌ 다음은 김치냉장고 매뉴얼 일부이다. 물음에 답하시오.

〈김치에 대한 잦은 질문〉

구분	확인 사항
김치가 얼었어요.	• 김치 종류, 염도에 따라 저장하는 온도가 다르므로 김치의 종류를 확인하여 주세요. • 저염김치나 물김치류는 얼기 쉬우므로 '김치저장-약냉'으로 보관하세요.
김치가 너무 빨리 시어요.	• 저장 온도가 너무 높지 않은지 확인하세요. 저염김치의 경우는 낮은 온도에서는 얼 수 있으므로 빨리 시어지더라도 '김치저장-약냉'으로 보관하세요. • 김치를 담글 때 양념을 너무 많이 넣으면 빨리 시어질 수 있습니다.
김치가 변색되었어요.	• 김치를 담글 때 물빼기가 덜 되었거나 숙성되며 양념이 어우러지지 않아 발생할 수 있습니다. • 탈색된 김치는 효모 등에 의한 것이므로 건어내고, 김치 국물에 잠기도록 하여 저장하세요.
김치 표면에 하얀 것이 생겼어요.	• 김치 표면이 공기와 접촉하면서 생길 수 있으므로 보관 시 공기가 닿지 않도록 우거지를 덮고 소금을 뿌리거나 위생비닐로 덮어주세요. • 김치를 젖은 손으로 꺼내지는 않으시나요? 외부 수분이 닿을 경우에도 효모가 생길 수 있으니 마른 손 혹은 위생장갑을 사용해 주시고, 남은 김치는 꾹꾹 눌러 국물에 잠기도록 해주세요. • 효모가 생긴 상태에서 그대로 방치하면 더 번질 수 있으며, 김치를 무르게 할 수 있으므로 생긴 부분은 바로 제거해 주세요. • 김치냉장고에서도 시간이 경과하면 발생할 수 있습니다.
김치가 물러졌어요.	• 물빼기가 덜 된 배추를 사용할 경우 혹은 덜 절여진 상태에서 공기에 노출되거나 너무 오래절일 경우 발생할 수 있습니다. 저염 김치의 경우에서 빈번하게 발생하므로 적당히 간을 하는 것이 좋습니다. 또한 설탕을 많이 사용할 경우에도 물러질 수 있습니다. • 무김치의 경우는 무를 너무 오래 절이면 무에서 많은 양의 수분이 빠져나오게 되어 물러질 수 있습니다. 절임 시간은 1시간을 넘지 않도록 하세요. • 김치 국물에 잠긴 상태에서 저장하는 것이 중요합니다. 특히 저염 김치의 경우는 주의해주세요.

김치에서 이상한 냄새가 나요.	• 초기에 마늘, 젓갈 등의 양념에 의해 발생할 수 있으나 숙성되면서 점차 사라질 수 있습니다. 마늘, 양파, 파를 많이 넣으면 노린내나 군덕내가 날 수 있으니 적당히 넣어주세요. • 발효가 시작되지 않은 상태에서 김치냉장고에 바로 저장할 경우 발생할 수 있습니다. • 김치가 공기와 많이 접촉했거나 시어지면서 생기는 효모가 원인이 될 수 있습니다. • 김치를 담근 후 공기와의 접촉을 막고, 김치를 약간 맛들인 상태에서 저장하면 예방할 수 있습니다.
김치에서 쓴맛이 나요.	• 김치가 숙성되기 전에 나타날 수 있는 현상으로, 숙성되면 줄거나 사라질 수 있습니다. • 품질이 좋지 않은 소금이나 마그네슘 함량이 높은 소금으로 배추를 절였을 경우에도 쓴맛이 날 수 있습니다. • 열무김치의 경우, 절인 후 씻으면 쓴맛이 날 수 있으므로 주의하세요.
배추에 양념이 잘 배지 않아요.	• 김치를 담근 직후 바로 낮은 온도에 보관하면 양념이 잘 배지 못하므로 적당한 숙성을 거쳐 보관해 주세요.

29. 다음 상황에 적절한 확인 사항으로 보기 어려운 것은?

나영씨는 주말에 김치냉장고에서 김치를 꺼내고는 이상한 냄새에 얼굴을 찌푸렸다. 담근지 세 달 정도 지났는데도 잘 익은 김치냄새가 아닌 꿉꿉한 냄새가 나서 어떻게 처리해야 할지 고민이다.

① 초기에 마늘, 양파, 파를 많이 넣었는지 확인한다.
② 발효가 시작되지 않은 상태에서 김치냉장고에 바로 넣었는지 확인한다.
③ 김치가 공기와 많이 접촉했는지 확인한다.
④ 김치를 젖은 손으로 꺼냈는지 확인한다.
⑤ 시어지면서 생기는 효모가 원인인지 확인한다.

30. 위 매뉴얼을 참고하여 확인할 수 없는 사례는?

① 쓴 맛이 나는 김치
② 양념이 잘 배지 않는 배추
③ 김치의 나트륨 문제
④ 물러진 김치
⑤ 겉면에 하얀 것이 생긴 김치

31. S정보통신에 입사한 당신은 시스템 모니터링 업무를 담당하게 되었다. 다음의 시스템 매뉴얼을 확인한 후 제시된 상황에서 적절한 입력코드를 고르면?

〈S정보통신 시스템 매뉴얼〉

❏ 항목 및 세부사항

항목	세부사항
Index@@ of Folder@@	• 오류 문자 : Index 뒤에 나타나는 문자 • 오류 발생 위치 : Folder 뒤에 나타나는 문자
Error Value	• 오류 문자와 오류 발생 위치를 의미하는 문자에 사용된 알파벳을 비교하여 오류 문자 중 오류 발생 위치의 문자와 일치하지 않는 알파벳의 개수 확인
Final Code	• Error Value를 통하여 시스템 상태 판단

❏ 판단 기준 및 처리코드(Final Code)

판단 기준	처리코드
일치하지 않는 알파벳의 개수 = 0	Qfgkdn
0 < 일치하지 않는 알파벳의 개수 ≤ 3	Wxmt
3 < 일치하지 않는 알파벳의 개수 ≤ 5	Atnih
5 < 일치하지 않는 알파벳의 개수 ≤ 7	Olyuz
7 < 일치하지 않는 알파벳의 개수 ≤ 10	Cenghk

〈상황〉

System is processing requests...
System Code is X.
Run...

Error Found!
Index GHWDYC of Folder APPCOMPAT

Final Code? _____

① Qfgkdn ② Wxmt
③ Atnih ④ Olyuz
⑤ Cenghk

32. 다음에서 설명하고 있는 개념의 특징으로 적절한 것은?

> 이것은 개인용 컴퓨터나 멀티미디어 작업이 가능한 기타 멀티미디어 기기를 이용하여 각종 정보를 여러 가지 효율적인 형태로 상대방에게 전달하는 것이다. 마이크로소프트사의 파워포인트와 같은 전용 프로그램도 있지만 대부분의 문서 작성 프로그램은 이 기능을 가지고 있다.

① 각종 발표 시 사용하는 자료 문서로, 청중을 설득시키는 데 그 목적이 있다.
② 문서를 작성, 편집, 저장 및 인쇄할 때 사용하는 소프트웨어를 말한다.
③ 'MS워드'와 '아래아한글(이하 한글)'이 대표적인 프로세서로 꼽힌다.
④ 계산, 차트 작성 등을 할 수 있어서 급여 계산표, 성적 관리표 등에 이용하고 있다.
⑤ 가로 행과 세로 행이 교차하면서 셀이라는 공간이 구성되는데 이 셀은 정보를 저장하는 단위이다.

33. 다음 빈칸에 들어갈 개념으로 적절한 것은?

> • (㉠)은/는 객관적 실제의 반영이며, 그것을 전달할 수 있도록 기호화한 것이다.
> • (㉡)은/는 (㉠)을/를 특정한 목적과 문제해결에 도움이 되도록 가공한 것이다.
> • (㉢)은/는 (㉡)을/를 집적하고 체계화하여 장래의 일반적인 사항에 대비해 보편성을 갖도록 한 것이다.

	㉠	㉡	㉢
①	자료	정보	지식
②	자료	지식	정보
③	지식	자료	지식
④	지식	정보	자료
⑤	지식	자료	정보

34. 다음에서 설명하고 있는 운영체제의 특징으로 옳지 않은 것은?

> 마이크로소프트에서 개발한 컴퓨터 운영체제다. 키보드로 문자를 일일이 입력해 작업을 수행하는 명령어 인터페이스 대신, 마우스로 아이콘 및 메뉴 등을 클릭해 명령하는 그래픽 사용자 인터페이스를 지원해 멀티태스킹(다중 작업) 능력과 사용자 편의성이 탁월하다.

① OLE(개체 연결 및 포함) 기능을 지원한다.
② 단일 사용자의 다중작업이 가능하다.
③ 사용자가 원하는 대로 특정 기능을 추가할 수 있다.
④ 용도에 따라 크게 개인용, 기업용, 임베디드용으로 나뉜다.
⑤ 전체 데스크톱 운영체제 시장에서 대부분의 점유율을 가져가고 있다.

35. 다음 시트처럼 한 셀에 두 줄 이상 입력하려는 경우 줄을 바꿀 때 사용하는 키는?

① 〈F1〉+〈Enter〉
② 〈Alt〉+〈Enter〉
③ 〈Alt〉+〈Shift〉+〈Enter〉
④ 〈Shift〉+〈Enter〉
⑤ 〈Shift〉+〈Ctrl〉+〈Enter〉

36. 다음의 알고리즘에서 인쇄되는 S는?

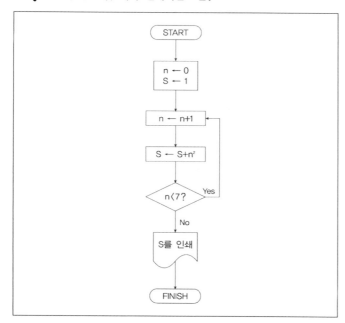

① 137
② 139
③ 141
④ 143
⑤ 145

37. 터미널노드는 자식이 없는 노드를 말한다. 다음 트리에서 터미널노드 수는?

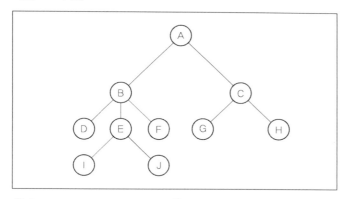

① 5
② 6
③ 7
④ 8
⑤ 9

38. 다음의 시트에서 수식 '=DSUM(A1:D7, 4, B1:B2)'를 실행하였을 때 결과 값은?

	A	B	C	D
1	성명	부서	3/4분기	4/4분기
2	김하나	영업부	20	15
3	유진영	총무부	30	35
4	고금순	영업부	15	20
5	이영훈	총무부	10	15
6	김영대	총무부	20	10
7	채수빈	영업부	15	20

① 45
② 50
③ 55
④ 60
⑤ 65

39. PC 보안을 설정하기 위한 다음의 방법 중 적절하지 않은 것은 어느 것인가?

① 일정 시간을 정하여 화면 보호기를 설정해 둔다.
② 불필요한 공유 폴더의 사용을 금지한다.
③ 정품이 아닌 윈도우 소프트웨어 사용 시 정기적인 업데이트를 반드시 실시한다.
④ 허가하지 않은 인터넷 연결이나 공유 폴더 접근을 차단하는 PC 방화벽을 설정한다.
⑤ 라이선스 없는 프로그램은 삭제하고 불법 소프트웨어 설치를 금지한다.

40. 다음에 제시된 사례 중, 인터넷의 역기능으로 보기 어려운 것은 어느 것인가?

① 수신된 이메일을 무심코 열어 본 K씨는 원치 않는 음란 사이트로 연결되어 공공장소에서 당혹스러운 일을 겪은 적이 있다.
② H씨는 증권 거래 사이트가 갑자기 마비되어 큰돈이 묶이게 된 상황을 경험한 적이 있다.
③ 인터넷 뱅킹을 자주 이용하는 M씨는 OTP발생기를 가지고 오지 않아 여행지에서 꼭 필요한 송금을 하지 못한 적이 있다.
④ L씨는 유명한 게임 사이트에 접속하였다가 입에 담기도 힘든 욕설을 듣고 불쾌함을 느낀 적이 있다.
⑤ S씨는 자신의 블로그에 올린 글이 청소년들의 인기 사이트에서 불법 복제되고 있는 것을 경험하였다.

41. OSI 7계층 중 브리지(bridge)가 복수의 LAN을 결합하기 위해 동작하는 계층은?

① 물리 계층   ② 데이터 링크 계층

③ 네트워크 계층   ④ 전송 계층

⑤ 세션 계층

42. 다음은 C언어로 내림차순 버블정렬 알고리즘을 구현한 함수이다. ㉠에 들어갈 if문의 조건으로 올바른 것은? (단, size는 1차원 배열인 value의 크기이다)

```
void BubbleSorting(int *value, int size) {
    int x, y, temp;
    for(x = 0; x < size; x++) {
        for(y = 0; y < size - x - 1; y++) {
            if(          ㉠          ) {
                temp = value[y];
                value[y] = value[y+1];
                value[y+1] = temp;
            }
        }
    }
}
```

① value[x] > value[y+1]

② value[x] < value[y+1]

③ value[y] > value[y+1]

④ value[y] < value[y+1]

⑤ value[y] = value[y+1]

43. 다음 그림과 같은 원형 큐에 한 객체를 입력하는 알고리즘에 대해 의사코드(pseudo code)를 순서대로 바르게 나열한 것은? (단, 객체는 rear 쪽에 입력되고 front쪽에서 출력되며, M은 큐의 크기를 나타내는 정수이다)

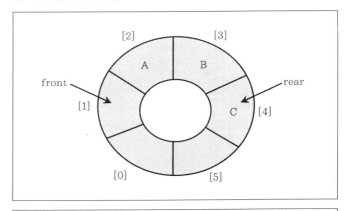

㉠ 큐가 공백 상태인지 검사 : (front==rear)
㉡ front 값을 1 증가 : front = (front+1)%M
㉢ 큐가 포화상태인지 검사 : (front==rear)
㉣ 객체를 rear 위치에 입력
㉤ rear 값을 1 증가 : rear=(rear+1)%M

① ㉠ - ㉡ - ㉣   ② ㉡ - ㉣ - ㉢

③ ㉣ - ㉤ - ㉠   ④ ㉤ - ㉢ - ㉣

⑤ ㉤ - ㉣ - ㉡

44. 다음 데이터베이스에 관한 설명 중 옳은 것은?

① 개념스키마는 개체 간의 관계와 제약 조건을 정의한다.

② 데이터베이스는 응용프로그램의 네트워크 종속성을 해결한다.

③ 데이터의 논리적 구조가 변경되어도 응용프로그램은 변경되지 않는 속성을 물리적 데이터 독립성이라고 한다.

④ 외부스키마는 물리적 저장장치와 밀접한 계층이다.

⑤ 데이터베이스는 임시로 모아 놓은 단순한 입출력 자료이다.

45. 데이터베이스 관리 시스템(database management system)을 구축함으로써 생기는 이점만을 모두 고른 것은?

> ㉠ 응용 소프트웨어가 데이터베이스에 관한 세부 사항에 자세히 관련할 필요가 없어져서 응용 소프트웨어 설계가 단순화될 수 있다.
> ㉡ 데이터베이스에 대한 접근 제어가 용이해진다.
> ㉢ 데이터 독립성을 제거할 수 있다.
> ㉣ 응용 소프트웨어가 데이터베이스를 직접 조작하게 된다.

① ㉠, ㉡ 　　　　　　② ㉠, ㉢
③ ㉡, ㉢ 　　　　　　④ ㉡, ㉣
⑤ ㉢, ㉣

46. 능동적 보안 공격에 해당하는 것만을 모두 고른 것은?

> ㉠ 도청 　　　　　　㉡ 감시
> ㉢ 신분위장 　　　　㉣ 서비스 거부

① ㉠, ㉡ 　　　　　　② ㉠, ㉢
③ ㉠, ㉣ 　　　　　　④ ㉡, ㉢
⑤ ㉢, ㉣

47. 정보보안의 기본 개념에 대한 설명으로 옳지 않은 것은?

① Kerckhoff의 원리에 따라 암호 알고리즘은 비공개로 할 필요가 없다.
② 보안의 세 가지 주요 목표에는 기밀성, 무결성, 가용성이 있다.
③ 대칭키 암호 알고리즘은 송수신자 간의 비밀키를 공유하지 않아도 된다.
④ 가용성은 인가된 사용자에게 서비스가 잘 제공되도록 보장하는 것이다.
⑤ 기밀성은 비인가된 개인이나 단체 등으로부터 정보를 보호하는 것이다.

48. 「정보통신망 이용촉진 및 정보보호 등에 관한 법률」상 용어의 정의에 대한 설명으로 옳지 않은 것은?

① 정보통신서비스 : 「전기통신사업법」 제2조제6호에 따른 전기통신역무와 이를 이용하여 정보를 제공하거나 정보의 제공을 매개하는 것
② 정보통신망 : 「전기통신사업법」 제2조제2호에 따른 전기통신설비를 이용하거나 전기통신설비와 컴퓨터 및 컴퓨터의 이용기술을 활용하여 정보를 수집·가공·저장·검색·송신 또는 수신하는 정보통신체제
③ 통신과금서비스이용자 : 정보보호제품을 개발·생산 또는 유통하는 사람이나 정보보호에 관한 컨설팅 등과 관련된 사람
④ 침해사고 : 해킹, 컴퓨터바이러스, 논리폭탄, 메일폭탄, 서비스 거부 또는 고출력 전자기파 등의 방법으로 정보통신망 또는 이와 관련된 정보시스템을 공격하는 행위를 하여 발생한 사태
⑤ 전자문서 : 컴퓨터 등 정보처리능력을 가진 장치에 의하여 전자적인 형태로 작성되어 송수신되거나 저장된 문서형식의 자료로서 표준화된 것

49. ISO 27001의 ISMS(Information Security Management System) 요구사항에 대한 내용으로 옳지 않은 것은?

① 자산 관리 : 정보 보호 관련 사건 및 취약점에 대한 대응
② 보안 정책 : 보안 정책, 지침, 절차의 문서화
③ 인력 자원 보안 : 인력의 고용 전, 고용 중, 고용 만료 후 단계별 보안의 중요성 강조
④ 준거성 : 조직이 준수해야 할 정보 보호의 법적 요소
⑤ 접근 통제 : 정보에 대한 접근 통제

50. 데이터베이스 보안의 요구사항이 아닌 것은?

① 데이터 무결성 보장
② 기밀 데이터 관리 및 보호
③ 추론 보장
④ 사용자 인증
⑤ 부적절한 접근 방지

51. Java 언어의 추상클래스(abstract class)에 대한 설명으로 옳은 것은?

① 추상클래스는 다중상속(multiple inheritance)을 지원한다.

② 추상클래스는 추상메소드(abstract method)만 갖는다.

③ 추상클래스는 인터페이스(interface)의 수퍼클래스(superclass)가 될 수 있다.

④ 추상클래스는 인터페이스(interface)를 구현(implements)할 수 있다.

⑤ 추상클래스는 실질적인 구현을 완료한다.

52. 다음 JFET 증폭회로의 출력전압(v_{out})[mV$_{p-p}$]에 가장 가까운 값은? (단, C_1, C_2는 결합 커패시터이고, C_3는 바이패스 커패시터이다)

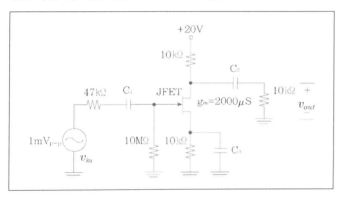

① 1
② 5
③ 10
④ 50
⑤ 100

53. 안테나가 무선전파를 효율적으로 복사하거나 수신하기 위해서는 그 길이가 $\frac{\lambda}{4}$ 이상이 되어야 한다. 1,000 [MHz]의 무선전파를 수신하기 위한 안테나 $\frac{\lambda}{4}$의 길이[cm]는? (단, 빛의 속도는 3×10^8[m/s]이다)

① 5.5
② 6.5
③ 7.5
④ 8.5
⑤ 9.5

54. MIMO(Multi Input Multi Output) 안테나 기술에 대한 설명으로 옳지 않은 것은?

① 다수의 송수신 안테나를 사용하여 전송률을 높일 수 있다.

② 송수신 다이버시티를 기대하기 힘들다.

③ 송수신 안테나를 다수의 사용자에게 할당할 수도 있으며 한 사용자에 모두 할당할 수도 있다.

④ 무선통신 시 다중경로 페이딩과 같은 현상으로 인한 전송률 저하를 개선시킬 수 있다.

⑤ 기지국에 M개, 단말기에 N개의 안테나를 설치할 경우 min(M, N) 만큼 평균 전송 용량이 늘어난다.

55. 통신시스템에서 변조의 이유와 목적으로 옳지 않은 것은?

① 신호의 간섭을 피하기 위해서이다.

② 전파의 다중경로로 인한 신호 페이딩을 제거할 수 있다.

③ 짧은 파장의 반송파 신호를 이용하여 변조함으로써 장비가 소형 경량화되는 장점이 있다.

④ 하나의 통신로에 여러 신호를 동시에 송수신할 수 있게 하기 위해서이다.

⑤ 반송파에 실어 전송함으로써 장거리 통신을 할 수 있다.